MW01632015

Anna
KADABRA

Madame Prune
Es mi maestra y la jefa de nuestro club. Parece un poco anticuada ¡pero está aún más chiflada que nosotros!
Marcus Pocus
Mi mejor amigo, aunque a su cuervo no le caigo tan bien. Su magia es verde y le encantan las bromas y los planes absurdos.
Ángela Sésamo
Única en su especie, como su sapo. Tiene magia violeta y adora los cómics, los videojuegos y sentirse diferente cada día.

Oliver Dark
Aléjate de
este mocoso. Quiere
ser como su bisabuelo,
el cazabrujas más famoso
deMoonville. ¡Pues que
intente pillarnos!
Anna
Kadabra
¡Esta soy yo,
con mi gato y mi magia
arcoíris! Gracias a ella puedo
resolver un montón de líos…
y meterme en otros aún
más gordos.
Sarah Kazam
Es la mayor de
la pandilla, la mejor alumna…
y la más mandona. Tiene magia
amarilla y una cursi murciélaga
como mascota.

Desfiladero
Fantasma
Carretera a
la ciudad
Coco y
Chocolate
Cuartel de
los Cazabrujas
Faro de las
Tormentas
Escuela de
Moonville

Moonville
Las Cuevas
Gemelas
Granja de
Mac Moon
Pozo de
las Hadas
Mansión
Encantada
Casa de Anna
Kadabra
Pantano
Monstruoso
Abuelo Castaño

DESTINO INFANTIL Y JUVENIL, 2020
infoinfantilyjuvenil@planeta.es
www.planetadelibrosinfantilyjuvenil.com
www.planetadelibros.com
Editado por Editorial Planeta, S. A.

Diseño y maquetación: Endoradisseny

Avda. Diagonal, 662-664, 08034 Barcelona
Primera edición: octubre de 2020
Decimoprimera impresión: febrero de 2024
ISBN: 978-84-08-23305-3
Depósito legal: B. 13.188-2020
Impreso en España - *Printed in Spain*

El papel de este libro procede de bosques gestionados
de forma sostenible y de fuentes controladas.

Fiesta a medianoche

¿Te apuntas a mi fiesta?

¡Eh, no mires aún, que me estoy cambiando!

Espera un segundo. Bueno, mejor dos. ¡Ay, tres! No cierres el libro, que casi he acabado…

Vale, ya puedes seguir leyendo.

Es que me estaba quitando mi disfraz de Halloween. Ahora solo me queda guardarlo con llave en un cajón. Y luego lanzar la llave al monstruo del pantano para que se la coma.

¡No quiero volver a ver ese disfraz en mi vida! Y voy a contarte por qué.

Todo comenzó una negra noche de tormenta, cuando volvía a casa con mis padres. Llovía tanto que, más que en coche, parecía que íbamos en piragua. El otoño es muy húmedo aquí en Moonville. Así se llama el pueblo donde vivo ahora. Está rodeado de bosques llenos de mágicas y extrañas criaturas. Aunque ninguna tan extraña como mis padres… ¡ni tan cabezota!

—¡Qué manía, Anna! —resopló otra vez mi padre—. Si antes nunca querías celebrar Halloween…

Ya, pero eso era porque antes vivíamos en

la ciudad. Y porque aún no sabía que era una bruja.

Ah, ¿se me había olvidado decir que soy una bruja? Pues ¡sorpresa!, soy una bruja. Aunque es un secreto que ni siquiera mis padres conocen.

—Eso de Halloween me parece una bobada, hija —añadió mamá.

¿Una bobada? Para los seres mágicos, Halloween es una fecha muy especial. Es la noche en que celebramos nuestros poderes. En Moonville, incluso las personas normales lo festejan. Montan divertidas fiestas que duran hasta medianoche y que llaman «fantasmadas».

Lo único que yo quería era celebrar una gran fantasmada en casa.

—Así os conocerían más vecinos —dije—. E irían a comprar a vuestra pastelería.

No funcionó. La luz de un relámpago iluminó las caras severas de mis padres.

Por desgracia, no tengo en mi diario mágico ningún hechizo para convencer a los adultos cabezotas. Por suerte, tengo un truco para el que no hace falta varita.

Se llama «poner cara de pena» y se hace así:

Y con esa pinta lastimera miré fijamente a papá a través del retrovisor.

—Bueeeno —suspiró él, conmovido—. Dinos qué tenías pensado para tu fiesta.

«¡Viva! —pensé yo—. Voy a pasarlo de miedo con mis amigos.»

Pero resulta que al final solo pasamos miedo a secas.

1
Reunión secreta en el patio

Mis padres solo pusieron tres condiciones para mi fiesta:

La primera, **que tendría que organizarla yo misma**. Ellos estarían demasiado ocupados con los encargos de Halloween de su pastelería.

Bah, pan comido. O, como decimos las brujas, sapo cocido (lo decimos pero no lo cocemos).

Aquella misma noche, tumbada en la cama,

apunté un buen puñado de ideas en mi diario mágico.

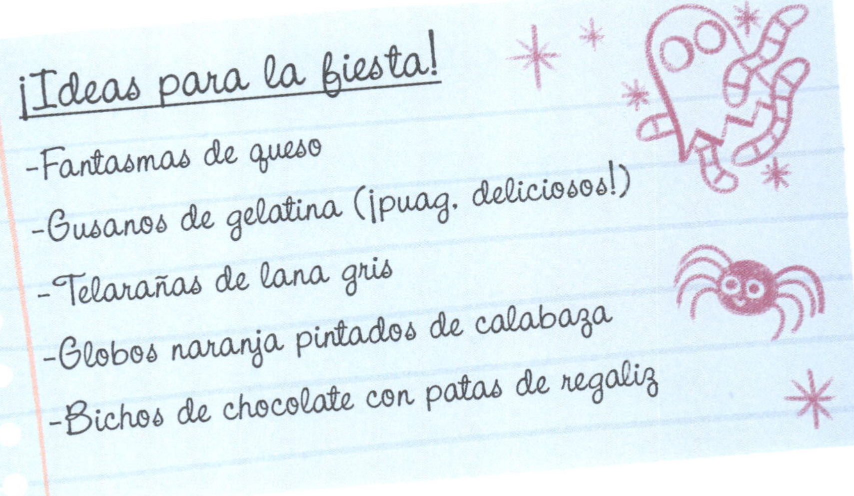

Ahora me quedaba lo más importante: elegir un disfraz que diese miedo. ¿De brócoli hervido? No. ¡De examen de geografía! Tampoco. De mi tía Olga, que te persigue por casa para darte unos besos como para desatascar el fregadero... Ay, no, demasiado aterrador.

Cuando más concentrada estaba, algo saltó a mi cama desde el armario.

No te asustes... todavía. Solo era mi gato Cosmo, buscando mimos. Se oculta en mi armario para que no lo descubran mis padres. A veces me gustaría ser como él.

Espera, ¡podría ser como él! O, al menos, disfrazarme de él. No es que Cosmo dé miedo, pero es el gato de una bruja (yo). Además, sería un disfraz barato.

Y es que la segunda condición era… **¡que debía pagar la fiesta con mis ahorros!**

—Así sabrás lo que significa tener dinero, Anna —me animó papá.

Qué va, así sabría lo que significaba NO tenerlo. Y es que, al abrir mi hucha con un golpe de varita, allí no había casi nada. Apenas unas pocas monedas y un solo billete. Y muy pequeño.

Para colmo, los hechizos multiplicadores no funcionan con riquezas. De pronto entendí por qué las brujas de los cuentos visten harapos y no trajes de alta costura.

Por suerte, seguro que mis compañeros del Club de la Luna Llena querrían ayudarme. Los reuní al día siguiente en un rincón del patio. Cada uno llevaba su diario mágico bajo el abrigo.

—¿Una fantasmada? —dijo Ángela Sésamo, entusiasmada—. ¡Me apunto de cabeza!

—Yo tengo un hechizo para hacer luces de colores —comentó Sarah Kazam—. Darán ambiente.

—Yo grabaré ruidos siniestros para asustar a los invitados —siguió Ángela—. Gritos, chirridos de cadenas y aullidos de lobo... A ver, ¿quién tiene un hechizo para conjurar lobos?

Estaba tan nerviosa que le temblaba el sombrero. Sí, es que aquel día había llevado al cole su sombrero mexicano. No me preguntes por qué.

El único que seguía callado era Marcus Pocus. Tenía la vista fija en su diario.

—¿Te encuentras bien, Marcus? —comenté—. No dices ni mu.

—Pe... pe...

No decía ni «mu», pero decía «pe». Qué raro.

—¿Pepe? —repetí.

—¡Pe… perfectamente! —exclamó al fin.

Sin embargo, hasta sus ojos color verde sapo estaban apagados. Aquel día parecían verde acelga.

—¿Es que no te apetece una fiesta? —preguntó Sarah.

—Co… co…

—¿Coco?

—¡Có… cómo no me va a apetecer! —terminó, forzando una sonrisa como el teclado de un piano.

Íbamos a seguir preguntándole cuando Ángela nos interrumpió.

—Cuidado, brujipanda —dijo en un susurro—. Que se acerca Oliver.

Menos mal que nuestros diarios están protegidos con un embrujo reversible. Al abrirlos con fuerza por la página 111, se despliegan y se dan la vuelta como un calcetín. Y por el otro lado aparentan ser simples libros de texto. Eso sí que es un buen disfraz.

—Vaya, vaya —oí a mi espalda—. Los cuatro amiguitos juntos. ¿Qué hacéis por aquí?

¿He dicho ya que Oliver Dark es un matón obsesionado con pillar a las brujas de Moonville? ¡Bueno, pues lo digo ahora! Y, para colmo, también es mi compañero de pupitre.

—So… so… —tartamudeó Marcus, aunque no quería decir «soso»—. Solo estamos repasando unos problemas de matemáticas.

Oliver puso cara de no creérselo, y eso sí que podía ser un problema. Sobre todo por la tercera condición que me habían puesto mis padres: **Tenía que invitar a la fiesta a todos los de mi clase.**

Lo peor no era invitar a Oliver Dark. Lo peor era que detrás de Oliver siempre iban los miembros de su horrible club: los Cazabrujas. Suspirando, terminé de redactar mi invitación:

Apenas puse el punto final, empezaron a sonar las campanas de Moonville. Llegaba tarde a clase. Menos mal que no tenía que copiar la invitación veinticinco veces. El hechizo multiplicador sí funciona con las cartulinas de colores.

—¡Anna, sube al coche! —me apremió mamá—. ¡Va a llover otra vez!

Entré corriendo en clase con mi montón de cartulinas bajo el anorak. Y una vez dentro, casi se me caen al suelo de la sorpresa. Todos los niños tenían ya una invitación entre las manos.

No eran cartulinas escritas a rotulador como las mías, corridas por la lluvia y con las esquinas dobladas. Estas parecían invitaciones al baile de Cenicienta. Tenían forma de calabaza y eran de elegante papel negro y dorado. Sin duda habían sido encargadas a una imprenta.

—¡Anna Green! —me regañó Madame Prune—. ¡No se quede ahí parada y siéntese!

Mi profesora es una auténtica bruja.

No quiero decir que sea mala, es que se trata de una bruja de verdad. Lo que pasa es que tiene que disimular que es una gran hechicera y la jefa de nuestro club mágico.

—Perdón, Madame Prune —me disculpé mientras ocupaba mi sitio junto a Oliver.

—Huy, Anna —dijo él, con una sonrisilla siniestra—. Se me ha olvidado tu invitación.

—Pero ¿son tuyas esas tarjetas tan caras? —me sorprendí—. ¿Qué es lo que celebras?

—Lo mismo que tú..., una fantasmada. Tus ideas son buenas, pero para ser solo una forastera quieres demasiado protagonismo. Menos mal que llevo unos días espiándote.

O sea, que me había robado la idea. Mira, si no lo convertí en lagartija allí mismo fue solo porque había gente delante. Por eso y porque habría sido un insulto para las lagartijas.

—No podrás organizarlo todo en un día —dije para hacerle rabiar.

—Con dinero, sí —replicó—. Y apuesto lo que quieras a que mi fiesta será mucho mejor que la tuya.

Aquel jueves volví a casa con mis invitaciones arrugadas en el fondo de la mochila.

—¡Es injusto! —me quejé a Cosmo, cuando mis padres se fueron a trabajar.

—Sí que lo es —respondió una voz, y casi me caigo de la cama.

No, no había sido el gato. La voz era de Ángela, que tenía la cabeza asomada a mi ventana. Lo que faltaba. Ahora, en lugar de llamar al cristal, tenía un hechizo para descorrer cerrojos.

—¿Qué hacéis todos aquí? —pregunté al ver a Marcus y a Sarah volando tras ella.

—Las insignias nos avisaron de lo furiosa que estás —dijo Sarah, señalando su broche en forma de luna. Estaba tan roja que, más que luna, parecía un tomate pocho.

—¿Es que no sabéis que Oliver me ha copiado la fantasmada? —repuse, dejándolos entrar.

—Se lo he contado yo —suspiró Marcus—. Menos mal que aún estás a tiempo de cancelarla.

¿Cancelar la fiesta? ¿Mi amigo había bebido poción de aburrimiento perpetuo o qué?

—Pero ¡no quiero cancelarla! —gemí—. Lo malo es que la fiesta de Oliver será mucho mejor que la mía. Aunque juega sucio, sus padres le compran todo lo que pide.

—Humm —murmuró Sarah, acariciándose una trenza—. Podríamos averiguarlo usando a Cruela.

Se refería a su mascota, una orgullosa hembra de murciélago que lleva a todas partes.

—¿Cruela? —pregunté, confundida—. ¿Es novia de Oliver o qué?

—No —sonrió Sarah—. Es que con ella puedo ver lo que sucede a distancia. ¡¿No sabes que todas las mascotas mágicas tienen algún poder?! Yo acabo de descubrir que Cruela es una murciélaga espía. ¿A que sí, amiguita?

Cruela arrugó con malicia su naricilla de cerdo. Más bien tenía pinta de murciélaga cotilla.

En cualquier caso, yo no sabía nada de los

poderes de las mascotas. Como había sido la última en llegar al club, iba algo retrasada.

—Óyeme, pequeña —susurró Sarah a Cruela—. ¡Vuela a casa de Oliver Dark!

De inmediato, el animal salió por la ventana. Sarah cerró los ojos y se concentró. ¡Estaba viendo el mundo a través de la mirada de su mascota! Me la imaginé sobrevolando la carretera, el bosque, el río y el pueblo. Atravesando la niebla y dejándose mecer por el viento.

Luego miré a Cosmo, que se rascaba el trasero acurrucado en mi regazo.

Él no tenía pinta de tener ningún poder especial.

Desde luego, podía arañar las paredes. Podía deshacer mis calcetines. Podía calentarme los pies bajo de la manta y hacerse pis en mis zapatillas. Pero nada de eso parecía realmente mágico, ¿verdad?

Mensaje en una armadura

3

—Repítenos lo que viste por los ojos de Cruela —le pedí a Sarah.

Ya había oscurecido, y el viento silbaba tras las ventanas de la mansión encantada. Era allí, en lo más alto de la torre, donde Madame Prune nos enseñaba magia cada noche. Nuestra clase no tenía pupitres ni pizarras. A cambio había cuadros, candelabros y hasta una vieja armadura.

—¡Ay, si ya lo he contado diez veces! —suspiró Sarah—. Vi un camión aparcado junto a la casa de Oliver con un letrero que decía «HERMANOS CONFETTI». Creo que son unos organizadores de fiestas profesionales. Estaban descargando esqueletos de plástico, rollos de telarañas falsas, focos de luz negra, una máquina para inflar globos… Oliver chillaba por el jardín, dando órdenes y molestando a todo el mundo.

—Mejor ríndete —me dijo Marcus—. Su fantasmada será un éxito comparada con la tuya.

Jo, parecía que mi amigo estaba deseando arruinarme la fiesta.

Volví la vista hacia la mesa. Allí yacían amontonados todos los adornos que, noche a noche, habíamos ido fabricando después de clase. Había telarañas llenas de nudos, fantasmas de papel higiénico, calabazas huecas… Se me hizo un nudo en la garganta. De pronto todo me parecía un montón de basura.

—Deberíamos pedir ayuda a Madame Prune —propuso Sarah—. Nosotros no conocemos muchos hechizos, pero ella podrá echarnos una mano. Una mano… y su varita.

¡Pues tenía razón, podíamos pedirle a la profesora que nos ayudara con los preparativos! Seguro que conocía algún conjuro para animar la fiesta.

—Supongo que sí —suspiró Marcus—. Pero ¿no os parece raro que llegue tan tarde?

—Se le habrá pinchado la escoba —comentó Ángela, muy seria.

—¿La escoba? —pregunté—. ¿Cómo puede pincharse una esco...? ¡Oh!

Alguien acababa de estornudar. No es que los estornudos me asusten, claro. Pero me preocupan cuando salen de una armadura hueca.

—¡Ha sido esa cosa! —grité, y hasta las mascotas se volvieron hacia la figura de hierro.

Ahora la armadura se rascaba el casco como si no supiera donde estaba.

—¿Hola? —dijo, produciendo mucho eco—. Probando, probando… ¿Alguien me escucha?

De inmediato reconocimos la voz campanuda de Madame Prune.

—Sí, la oímos, profe —replicó Sarah.

—¡Ay, menos mal, chicos! No he encontrado mejor forma de enviaros un mensaje.

El casco se abría y se cerraba al ritmo de

sus palabras. También los brazos se movían y gesticulaban como los de la maestra. Era como ver a un caballero medieval bailando salsa.

—He tenido una urgencia —siguió la voz—. ¡Acaban de avisarme para presidir el Congreso Anual de Brujos de Halloween! El anterior presidente ha sufrido un percance. Pronunció un hechizo sin su dentadura postiza y, en vez de un «sombrero de copa», conjuró un «torpedo en la sopa».

En resumen, la profe tenía que salir urgentemente en su escoba y no regresaría hasta dos días después. ¡Adiós a su ayuda y a su varita mágica!

—Podéis marcharos —dijo antes de despedirse—. Carapuerro cuidará de la mansión en mi ausencia.

Tan pronto como la armadura se quedó muda, mi gato se coló por la visera para investigar.

—¿Y ahora qué? —pregunté, desinflada como un globo—. Halloween es mañana.

—Pues rompes las invitaciones y listo —sonrió Marcus.

—Y dale —exclamé, ya un poco enfadada—. ¡Que no quiero suspender la fiesta!

—Me pregunto —dijo Ángela— si podríamos encontrar en el laboratorio algo para animarla.

—¿En el laboratorio? —se escandalizó Sarah—. ¡Pero no puede usarse sin el permiso de la maestra!

—Sí que se puede —replicó Ángela, y luego aclaró—: Siempre que ella no se entere…

El laboratorio era la sala donde experimentábamos con pociones, brebajes y filtros mágicos. Estaba al otro lado de la casa y solo habíamos entrado acompañados de Madame Prune.

Enseguida formamos dos bandos. Ángela y yo, que votábamos por visitar la estancia, y Sarah y Marcus, que opinaban que era una locura.

¡Yo creía que para Marcus la palabra «locura» no existía!

—Es una emergencia —les rogué—. No puedo dejar que Oliver me gane.

—¿Una fiesta te parece una emergencia? —me regañó Sarah.

—Shhh —chistó Marcus—. Como sigáis gritando, vais a llamar la atención de…

Demasiado tarde. Una pálida silueta acababa de atravesar la puerta sin necesidad de abrirla.

—Pero ¿qué escándalo es este? —exclamó con voz de ultratumba.

Era Carapuerro, claro.

Te juro que no tengo nada en contra de los fantasmas. Si quieren estar muertos, allá ellos. Lo malo es que el mayordomo de la mansión, además de muerto, era un estirado. Entró flotando en la habitación más tieso que su plumero.

—¿No sabéis que la señora ha tenido que

salir? —nos preguntó—. Venga, ya os estáis marchando.

—Pero… —empecé yo.

—¡Pero nada, pequeña! —dijo el espíritu, agitándome el plumero en la cara.

—Vamos, Anna, hagamos caso al noble señor Carapuerro y subamos al tejado.

Lo increíble es que esa frase la había

pronunciado Ángela. ¡Ángela, la misma que una vez encerró al mayordomo en su aspirador! Era como si me hubieran cambiado a mis amigos. Al menos Sarah se comportó como siempre cuando se despidió en lo alto de la torre:

—¡Me voy volando! Tengo que repasar los conjuros balsámicos antes de acostarme.

Luego salió disparada en su escoba. Ángela montó sobre su aspirador y Marcus pedaleó en el aire con su bici. Yo planeé hacia mi casa impulsándome con tristeza en mi patinete.

Antes de llegar, sin embargo, oí un ruido que se me acercaba por detrás.

¡Era Ángela, bien agarrada al mango de su aspirador! Lo había encendido porque así el trasto absorbía el aire y marchaba más veloz. Aquella noche iba como un cohete.

—¿Qué pasa? —grité sobre el ulular del viento, pero ella solo me guiñó un ojo.

Pensando que había ocurrido algo, di media vuelta y la seguí. ¡Me estaba llevando de regreso al tejado de la mansión! Esta vez, sin embargo, no aterrizamos en la torre sino junto a una pequeña chimenea. Nada más bajar de mi vehículo le pregunté qué ocurría.

—¿No querías visitar el laboratorio? —sonrió Ángela, mientras se quitaba la capucha.

—Pero… ¿y Carapuerro?

—Ni siquiera los fantasmas pueden encontrarte si eres invisible —replicó ella.

Luego sacó su varita, que tiene dos dados en la punta. Ambos se agitaron cuando ella recitó un hechizo digno de su magia morada, que es la magia de las sombras.

Aunque el conjuro sonaba más loco que la propia Ángela, funcionó. Poco a poco, nuestras siluetas se fueron desvaneciendo en el aire. Ahora Carapuerro no podría vernos.

—Pero es que yo tampoco te veo —gemí—. Ni a las mascotas. Ni siquiera me veo a mí.

—Yo hago magia, no milagros —repuso ella—. Y sígueme en silencio, que hay que bajar un piso.

Entramos en la mansión por un ventanuco de la buhardilla. Lo peor fueron las escaleras, donde no paramos de chocar ni de quejarnos. «¡Camina más despacio!» «¡Me has pisado otra vez!» «¡Esa nariz que estás rascando es la mía!»

Al fin llegamos a unas puertas dobles de madera y Ángela recitó en un susurro:

—*Despierta, sala, despierta. Si estás desierta, ¡abre tus puertas!*

La contraseña era correcta y pudimos entrar.

No imagines una de esas salas donde investigan los científicos. Esto se parecía más a la vieja cocina de tus abuelos. Suponiendo que tus abuelos fueran un pelín cochinos.

Todo estaba lleno de manchas de explosiones, potingues malolientes y frascos de líquido viscoso. En algunos flotaban cosas muy raras. Alguna hasta se movía. Creo que una me saludó.

—Mira en la vitrina de las pociones mientras yo vigilo —propuso Ángela.

Rápidamente abrí el armario y me puse a leer las etiquetas de todos los botes:

Por fin, a la novena o décima etiqueta, sonreí. ¡Había encontrado una poción que nos servía! Pero se me borró la sonrisa cuando, sin querer, le pegué una patada a Globo.

Lo supe por el grito que pegó el pobre sapo. Era como oír croar a un camión de bomberos.

—¡¿Quién anda ahí?! —gritó alguien allá lejos, en la escalera.

—Vuelve Carapuerro —susurró Ángela, tratando de calmar a Globo—. Deprisa.

Retrocedimos, pero no fuimos lo bastante rápidas. De pronto, Carrapuerro cruzó las puertas cerradas, cruzó el laboratorio... ¡y nos cruzó a nosotras! Él no lo notó, claro, porque no tiene cuerpo. Pero fue como bucear en una piscina de huevo batido.

Batido y caducado.

Al ver la vitrina abierta, el fantasma se metió dentro para investigar. Fue entonces cuando aprovechamos para girar suavemente el picaporte y salir pitando.

Atardecía y, a lo lejos, las primeras luces de Moonville comenzaban a encenderse. Yo, muy nerviosa, volví a releer la etiqueta del frasco que temblaba entre mis manos.

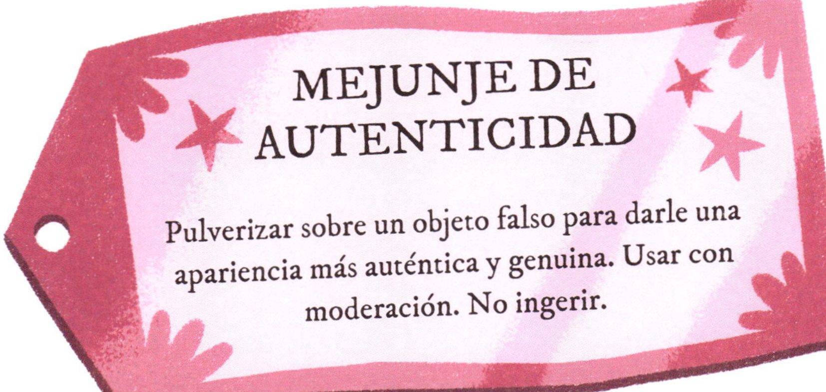

¡Aquello parecía ideal para mi fiesta! Detrás venían un montón de advertencias en letra diminuta que no me molesté en descifrar. El frasco tenía un pulverizador igual al de los perfumes antiguos. Olía a lilas frescas.

—¡Anna! —oí vocear desde la puerta principal—. ¡Han llegado tus amigos!

Sonreí a Cosmo y galopé escaleras abajo hasta el vestíbulo. Allí, cargados de bolsas, me esperaban Sarah, Ángela y Marcus… ¡en su versión más terrorífica! Estaban fabulosos.

Sarah se había disfrazado de duquesa vampiresa. Llevaba dientes postizos y elegantes joyas en forma de murciélago. Parecía el tipo de vampira que solo bebía sangre desnatada.

Ángela iba de extraterrestre, con dos antenas en las que bailaban un par de ojos saltones.

La verdad, yo no creo que exista criatura del espacio más rara que ella.

Marcus iba de superhéroe, con antifaz amarillo y mallas verdes. Él daba más risa que miedo, porque su gesto no era precisamente fiero. El pobre volvía incluso a tartamudear:

—Pe… pe…

¿Otra vez con Pepe?

—¡Pero si vas de gata! —terminó.

Ah, aún no he dicho que yo también llevaba puesto mi disfraz. Para distinguirme de Cosmo, había elegido una suave felpa blanca para las zarpas, las orejas y la cola.

—Estáis estupendos, chicos —sonrió papá, y nos sacó muchas fotos con su móvil.

—Deja eso para luego —replicó mamá—. ¡Tenemos que salir ya!

Iban a repartir en coche los encargos de la pastelería para que llegasen frescos y puntuales a las fantasmadas de Moonville. Mientras, nosotros decoraríamos la casa.

—¡Miau, miau! —maullé, y todos me miraron asombrados—. ¡Digo que manos a la obra!

Mis amigos volcaron sus bolsas en la alfombra. Entre todos extendimos telarañas, encendimos calabazas, colgamos fantasmas y llenamos las bandejas de dulces y bebidas. Ángela, que es de origen mexicano, traía una calavera decorada del Día de los Muertos para presidir la fiesta. Al final paramos para conjurar unos sándwiches.

—Pues no ha quedado tan mal —comentó Marcus, entre bocado y bocado.

—Espera —saltó Ángela—. ¡Falta el toque mágico!

Fue entonces cuando les expliqué lo del mejunje de autenticidad. Los ojos de Marcus se abrieron tanto que casi se le salta el antifaz.

—¿Que habéis cogido QUÉ? —se enfadó—. ¡Vosotras estáis locas! ¿A que sí, Sarah?

—Loquísimas —asintió ella, aunque luego dudó—. Claro que, ya que lo tienen, podríamos probarlo.

Sarah Kazam es incapaz de resistirse a un buen experimento.

Rociamos el producto sobre los adornos del salón. Al momento, las telarañas se volvieron finas y pegajosas como si fueran de seda. Las calabazas adquirieron una expresión fiera. Los fantasmas comenzaron a flotar en círculo mientras sus ojos echaban chispas.

Hasta los bichos de chocolate parecían a punto de ponerse a correr por el plato.

—Oliver no podrá superar esto —sonreí—. Un toquecito más y… ¡eh, cuidado, Mr. Rayo!

Aunque a veces se me olvide, nuestras mascotas siempre vienen con nosotros.

A menudo se tumban a dormir en un rincón. Otras veces vigilan desde un bolsillo o una capucha. O se reúnen en círculo para susurrarse secretos en voz baja.

Y luego está cuando parece que van a devorarse unas a otras.

Cruela es la más orgullosa. Cosmo, el más curioso. Globo, el más tranquilo. Pero sin duda el que tiene peor genio es Mr. Rayo, el cuervo de Marcus.

De hecho, en aquel momento estaba persiguiendo a Cruela por todo el comedor.

—¡¡¡Parad inmediatamente!!! —les regañó Sarah, mostrando sus colmillos de plástico.

Del susto, Mr. Rayo se desvió y chocó conmigo. El frasco voló de mis manos y cayó al suelo. Para entonces ya no era un frasco, sino cien pedazos saltarines de cristal.

6
El secreto del superhéroe

Marcus fue lo bastante ágil como para apartarse de un salto. Nosotras, en cambio, nos vimos rociadas por aquel potingue que olía a lilas. Asustadas, las mascotas huyeron por la escalera como una pequeña estampida.

—¡Sabía que pasaría algo así! —exclamó Sarah, tras sacudirse el pringue de su capa.

—Pues a mí me gusta —comentó Ángela,

echándose unas gotitas de aquel liquido detrás de las orejas.

—Bueno —añadí yo—. Al menos parece que se seca rápido.

—¿Y si cancelamos la fiesta? —propuso Marcus.

¡¿Otra vez?! Por poco saco la varita para lanzarle un maleficio Mocoplasta. Te explicaría lo que es, pero justo entonces sonó el timbre.

—¡Ya empiezan a llegar los invitados! —sonreí, ya repuesta del susto.

Antes de abrir, barrí con rapidez los trozos de cristal y los eché a la basura. Luego apagué las lámparas y Sarah lanzó su hechizo para cambiar el color de las luces.

El interior de las calabazas chisporroteó. Sus rostros brillaron con destellos morados y naranjas que se reflejaban en la pared. Precioso. Precioso y espeluznante.

Por fin abrimos la puerta y empezamos a pasarlo bien.

La primera en llegar fue una momia. Era Karla, la compañera de pupitre de Marcus. Creo que a ella le gusta, porque al verlo se le pusieron coloradas hasta las vendas.

—¿Es aquí la fantasmada? —titubeó, mostrando una de mis invitaciones.

Ya no eran de cartulina. La noche anterior Ángela y yo las habíamos rociado con el mejunje y ahora parecían viejos pergaminos. Los había repartido en clase aquella misma mañana.

—¡Bienvenida a la mansión del miedo! —exclamamos.

—¡Vaya! —se admiró ella—. Os ha quedado genial…

Después de la momia llamó al timbre una pareja de diablos. Tras los diablos, una bruja. A la bruja le siguieron un astronauta, una araña, dos zombis y una niña lobo.

¡Mi fantasmada estaba siendo un éxito de público!

Claro que no apareció nadie del club de Los Cazabrujas, pero no me sorprendió. Todos habían acudido a casa de Oliver. Bah, su fiesta no podía ser mejor que la mía.

Como nadie tenía hambre aún, empezamos por el baile. Todos se movían al ritmo de la música de Ángela, que había mezclado canciones

rock con aullidos y risas siniestras. Justo después de una de las carcajadas se abrió la puerta del salón y aparecieron… mis padres. Qué miedo.

—Pero Anna —se asombraron—. Todo esto…

Yo me puse a temblar de la punta de las orejas al rabo. Mira que si me pillaban.

—¡Todo esto está fenomenal! Nosotros no lo habríamos hecho mejor.

Muy orgullosos, dieron una vuelta por el salón. Después subieron a leer a su dormitorio. Fue entonces cuando se me acercó Karla, la momia enamorada.

—Oye, Anna, ¿tú sabes dónde está Marcus?

Pues no, llevaba un rato sin verlo por la fiesta. Con una sospecha, subí de puntillas a mi cuarto. ¡Allí estaba mi amigo, leyéndoles a las mascotas uno de los cuentos de mi estantería!

—Pero bueno, ¿qué haces aquí metido?

—Eh… es que me duele la tripa. Demasiadas arañas de regaliz, jeje.

—Mira, Marcus —le dije seriamente—. No sé qué te pasa, pero deberías contármelo. No eres tú mismo desde que empezamos a planear la fiesta.

—Vale —suspiró él—. Pero ¡prohibido reírse! Yo… es que… a mí… le tengo miedo a Halloween.

—¡¿Miedo tú?! —pregunté, asombrada.

Por lo que yo sabía, Marcus era muy valiente. Jamás temía meterse en la boca del lobo. Es más, a menudo se metía directo hasta la tripa.

—¡Sí, yo! —exclamó—. Desde pequeño me da escalofríos esta noche… Sé que es una tontería, pero no puedo evitarlo. Por eso quería suspender la fantasmada. Lo siento mucho.

Yo sí que lo sentía. Estaba tan furiosa con Oliver que no me había preocupado en averiguar lo que le pasaba a mi amigo. Lo malo era que no se me ocurría cómo ayudarle.

—No pasa nada —le dije, sentándome a su lado—. De verdad.

—Oye, Anna…

—Tranquilo, que no se lo contaré a nadie.

—No era eso —replicó él—. Quería saber por qué tu cola se mueve sola.

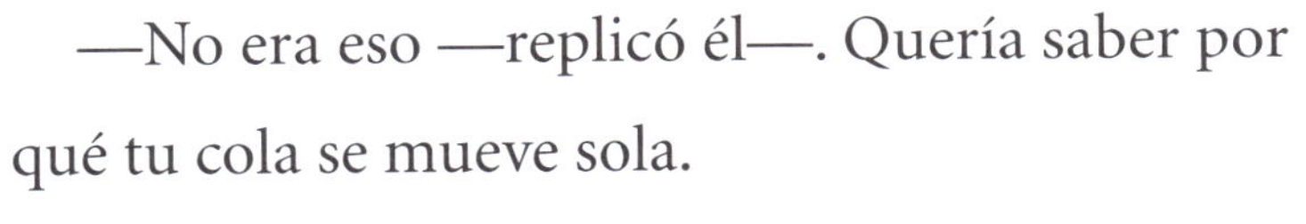

Ojazos

Marcus tenía razón. ¡Mi cola estaba azotando la cama como si tuviera vida propia! Los ojos de Cosmo la seguían de un lado a otro, asombrados. Aunque no tan asombrados como los míos.

—¿No te habrás hechizado el disfraz? —preguntó Marcus.

—¿Yo? ¡Qué va! —exclamé—. Corre, vamos a preguntar a Sarah y a Ángela.

—¿Otra vez abajo? —gimió él.

Me siguió por la escalera agarrándome la cola para que no hiciera cosas raras. Por desgracia, al entrar en el salón noté que estaban pasando cosas más raras aún.

Todos los invitados se amontonaban en torno a la estantería. Justo donde habíamos puesto la calavera pintada de colores de Ángela.

—¡Qué graciosa! —comentaba uno, señalándola con el dedo.

—Pero ¿cómo funciona? —replicaba otra—. ¿Va enchufada a alguna parte?

Entonces me fijé mejor. ¡La calavera abría y cerraba la boca, dando saltitos sobre la repisa! Al fondo de sus ojos brillaba una llamita azul. Parecía contentísima.

Al menos mucho más contenta que yo.

—¡Perdón, perdón! —dije, empujando a todo el mundo—. Tengo que cambiarle las pilas.

Luego la agarré con cuidado y corrí con Marcus a refugiarnos en la cocina.

—¿Por… por qué se está moviendo? —jadeó él, más asustado que nunca.

—Jo, no tengo ni idea.

—¡Jo, ni yo tampoco! —añadió alguien.

La calavera. Había sido la calavera. La ca-la-ve-ra. Por poco se me cae del susto.

—¿Tú… tú quién eres? —pregunté, y ahora era yo la que tartamudeaba.

—¡Jo, no lo sé! —sonrió ella—. ¿Alguien sabe quién soy? ¿Quiénes sois vosotros? ¿Sabéis quiénes sois vosotros?

Sus ojos brillaban al ritmo de sus palabras, que sonaban muy atropelladas.

—Pues somos Marcus y Anna —logré contestar.

—Ah, ¿quién es Arcus y quién es Manna? ¿Y yo cómo me llamo?

—Pu… pues tú sabrás —dijo Marcus.

—Ay, ¿puedo llamarme Lilly? O mejor Kokoro. ¡No, Brunilda! O quizá…

—Ojazos —la corté, inspirada por sus grandes ojos huecos—. Te llamas Ojazos, ¿vale?

—Jo —suspiró ella, feliz—. ¿Verdad que tengo el nombre más bonito del mundo?

—No entiendo nada —murmuró Marcus—. Pero no podemos dejar que nadie vea esto.

Apenas lo hubo dicho cuando la puerta de la cocina se abrió, como impulsada por un huracán. Marcus tuvo el tiempo justo de cubrir a Ojazos con su capa. Menos mal que el huracán resultaron ser solo Ángela Sésamo y Sarah Kazam.

Lo curioso es que Sarah venía arrastrando a Ángela del brazo.

—¿Qué os pasa? —preguntamos.

—No lo sé —gimió Sarah—. ¡Ángela está rarísima!

Eso tampoco era una novedad, ¿no? Es una de las cosas que la hacen tan especial.

—Yo rara no ser —sonrió Ángela—. Vosotros raros. ¡Raros vosotros!

Bueno, algo más extraña que de costumbre sí estaba. Sobre todo cuando abrió la lavadora y se puso a encestar dentro los plátanos del frutero.

—¡¿Lo veis?! —dijo Sarah, sofocada.

—Es cierto —admití—. Ahora sí que parece una auténtica extraterrestre.

—Una extraterrestre —murmuró Marcus muy despacio—. Ay, que creo que ya sé lo que pasa…

—¿Qué? —preguntamos Sarah y yo al mismo tiempo.

—Cuando antes se rompió el frasco, el mejunje de autenticidad os salpicó a todas. ¡¡¡Por eso vuestros disfraces se están volviendo reales!!! Probablemente el potingue también mojó a Ojazos, dándole vida… y quién sabe qué otras cosas.

—¿Ojazos? —se extrañó Sarah—. ¿Y quién es Ojazos?

—¡Yo! —canturreó la calavera bajo la capa—. ¡Yo soy Ojazos! ¡Y no veo nada, jo!

Tuve que sacarla de su escondite para calmarla. Al volverme, mi cola le pegó a Sarah tal bofetón que casi le quita las horquillas. Me apresuré a explicar que no era culpa mía.

—¿Te estás convirtiendo en gata? —se alarmó—. Pues yo no noto nada raro con mi disfraz…

Y, sin embargo, nos miraba el cuello de un modo que no me gustó nada.

Fantasmas de cuento

8

Por el hilo se saca el ovillo. O, como decimos las brujas: para encontrar la peste, sigue el tufillo. Por eso lo primero era investigar el rincón donde se había roto el frasco.

No, espera. ¡Antes había que echar a los invitados del comedor!

—¿Por qué no te los llevas a algún sitio? —rogué a Marcus Pocus.

—¿Yo? ¿Yo solo con toda esta gente disfrazada?

Desde luego, el pobre Marcus no se estaba convirtiendo en un superhéroe de verdad. El mejunje no le había rozado ni la punta de la capa.

—Yo los distraeré —dijo Sarah—. Vosotros averiguad si el pringue ha salpicado más cosas.

—Vale —respondí, aunque me quedé con ganas de añadir: «¡No muerdas a nadie!».

Sarah pidió silencio golpeando una copa con su anillo de vampiresa. Luego invitó a todos a contemplar las luces del jardín, que eran bombillas en forma de hueso. Una tropa de niños monstruo la siguió hasta la puerta principal.

—Vamos —susurré a los otros al quedarnos solos—. Tenemos poco tiempo.

—¿Tiempo poco tenemos? ¡Copo tinimos tienco! ¡Pitipiempo!

Ay, Ángela estaba cada vez peor. Le presté a Ojazos para distraerla, y ella se puso a hacerla rodar por la alfombra. Yo quería una fiesta loca, pero no tanto.

—¡Vivaaa! —chillaba la calavera, aplaudiendo con los dientes—. ¡Otra vez!

Solo esperaba que mis padres no la oyeran.

El mejunje de autenticidad no había dejado ninguna mancha. Por suerte, apestaba tanto a lilas que era fácil saber dónde había caído. O eso me pareció a mí.

—Pero ¿qué haces, Anna? —me preguntó Marcus, extrañadísimo.

De pronto me vi a cuatro patas y olfateando el suelo con la nariz arrugada. Ay, ay, ay. No es que la poción apestase. Es que mis sentidos animales

se estaban volviendo muy potentes. Ahora con el olfato podía detectar cualquier resto de mejunje.

—Huelo un rastro en la chimenea, en la pared y en la alfombra —informé.

—Bueno, no creo que se convierta en una alfombra voladora… —suspiró Marcus—. Por cierto, la botella llevaba una etiqueta, ¿no?

¡Claro, la etiqueta! Quizá en ella encontraríamos las instrucciones para anular los efectos de la poción. Estaría en la basura, con los restos del frasco, así que… De repente mi nariz se puso alerta y mis bigotes se erizaron. ¡Acababa de oler algo más!

—Ha caído una gota sobre un libro de la estantería —murmuré.

—¿Sobre cuál? —tembló Marcus.

Olisqueé con más fuerza. El tufo no venía de *Robinson Crusoe*, ni de *El mago de Oz*, ni siquiera de la gruesa *Enciclopedia del chocolate*. El libro que olía a lilas era…

—¡Este! —exclamé, con las orejas de punta—. ¡*Diez cuentos de fantasmas*!

—¡Jo, qué divertido! —exclamó Ojazos, dando brincos.

Tragué saliva y agarré el libro con mi zarpa temblorosa. O quizá era el libro el que temblaba suavemente. Me pareció que del interior salía un murmullo apagado.

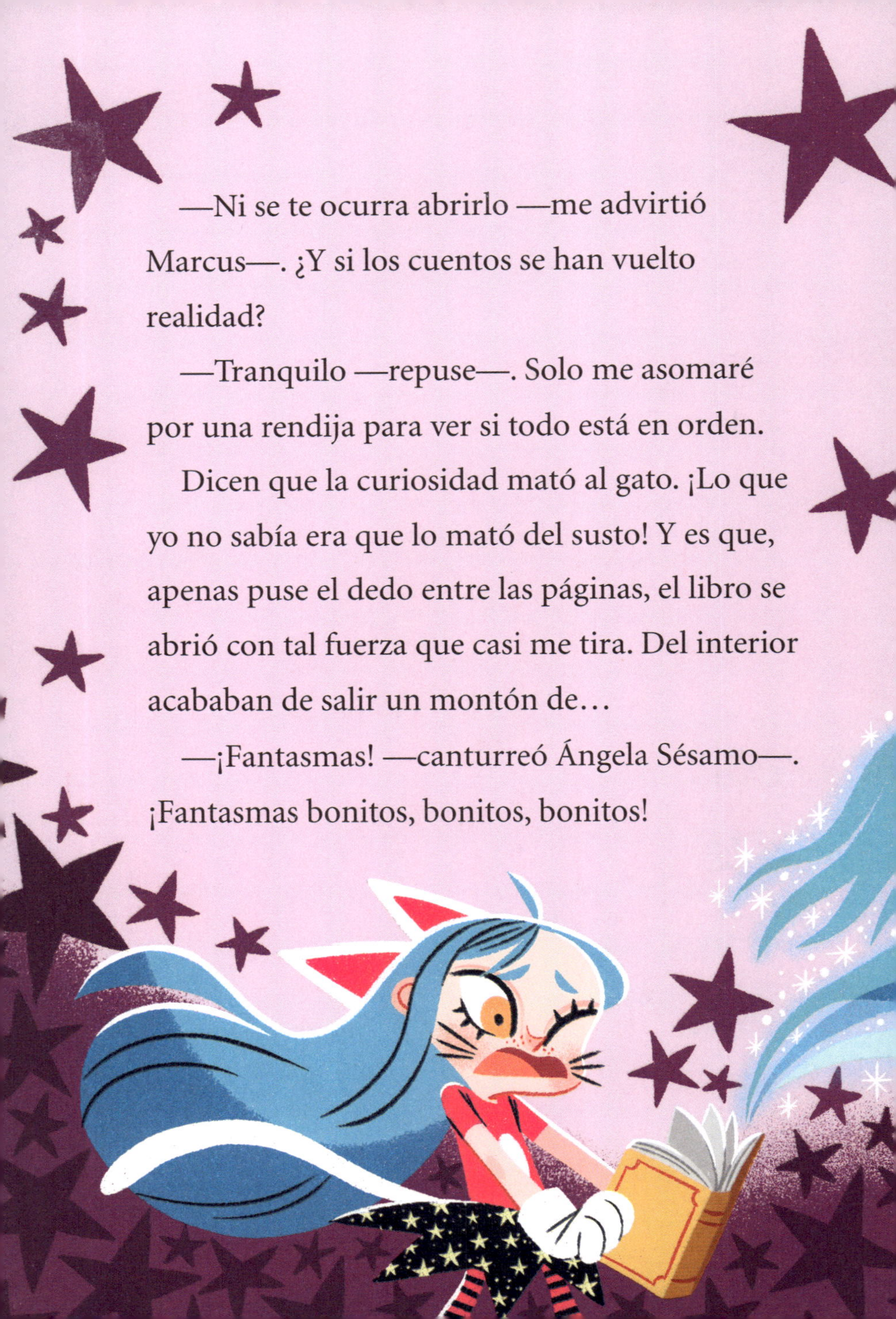

—Ni se te ocurra abrirlo —me advirtió Marcus—. ¿Y si los cuentos se han vuelto realidad?

—Tranquilo —repuse—. Solo me asomaré por una rendija para ver si todo está en orden.

Dicen que la curiosidad mató al gato. ¡Lo que yo no sabía era que lo mató del susto! Y es que, apenas puse el dedo entre las páginas, el libro se abrió con tal fuerza que casi me tira. Del interior acababan de salir un montón de…

—¡Fantasmas! —canturreó Ángela Sésamo—. ¡Fantasmas bonitos, bonitos, bonitos!

De bonitos no tenían nada. Se veían pálidos y gelatinosos, y tenían un gesto de fiereza en los ojos, que eran agujeros en sus sábanas harapientas. A su lado, Carapuerro podría haber ganado el título de Míster Belleza de Ultratumba.

Nada más vernos, volaron a por nosotros.

—¡Cuidado! —advirtió Marcus, empujándonos a Ángela y a mí bajo la mesa.

Yo me eché a temblar con el rabo entre las piernas y abracé a mis amigos. Los espectros aullaban alrededor, volcando vasos y pegándonos coletazos a través del mantel.

De pronto, por encima de sus aullidos me pareció oír un murmullo de risas. Eran los invitados, que regresaban. Al oír a tanta gente, ¡zap, zap, zap!, los fantasmas se escabulleron por la chimenea.

—¿Se han ido todos? —preguntó Marcus cuando me asomé a investigar.

—Sí, pero… —respondí con un hilo de voz— ¡se han llevado a Ojazos!

Un mordisco en la oscuridad

9

Pobre calaverita. Me la imaginaba intentando hacerse amiga de aquellos espíritus abusones. Y a ellos, pasándosela a coletazos como si fuera un balón.

¡Y Ojazos estaba hecha de cerámica!

—Me da igual que solo sea un adorno —decidí—. Hay que salvarla y deshacer este lío.

—Sí —asintió Marcus—. Busquemos en la basura la etiqueta con las instrucciones.

—¿En la basura? —preguntó Sarah—. Pues precisamente me he cruzado con la madre de Anna sacando un cubo al jardín. Al vernos ha salido corriendo tapando su pijama de conejitos.

—¡Basura, basurra, bassurrra! —canturreó Ángela Sésamo—. Brrr. Brrsss.

—Todos afuera —ordené yo.

Dejamos a los invitados comiendo arañas de regaliz y salimos al porche. El viento agitaba las ramas de los árboles, cuyas sombras parecían gigantes moviendo los brazos. Sobre ellos resplandecía el círculo plateado de la luna.

Su luz me llenó de fuerza, no sé si por mi parte de gata o por mi parte de bruja. Y es que si nos llamamos el Club de la Luna Llena es porque la luna

recarga y reactiva nuestros poderes. Especialmente cuando se muestra en todo su esplendor.

De pronto sentí que las cosas iban a arreglarse.

Al momento empecé a oír gritos y ya no lo tuve tan claro.

—Alguien se acerca —dijo Sarah, y se relamió los colmillos de un modo que daba escalofríos.

Por un momento pensé que eran los fantasmas que regresaban, pero no. Se trataba de algo peor. Por la carretera avanzaban los

Cazabrujas. Y encima habían tenido el morro de disfrazarse… ¡¿de brujos?! Llevaban sombreros picudos, túnicas y calabazas de plástico. ¡Como si nosotros vistiésemos así!

Al frente de todos marchaba Oliver Dark. Él, al contrario que los otros, iba igualito a la estatua de su famoso bisabuelo: el cazador de brujas más famoso de Moonville.

—Truco o trato —rio al vernos, agitando su espadón de madera.

No, si encima querría que le diésemos caramelos.

—¿Qué haces aquí? —preguntó Marcus, asombrado—. ¿Y tu fantasmada?

—Bah, ya nos hemos aburrido de estar en casa —respondió él.

—Pues aquí no nos quedan dulces —salté yo—. Marchaos, por favor.

—Brrrppss —añadió Ángela, meneando los tentáculos.

—No quieren trato, amigos —dijo Oliver a sus compinches—. Así que supongo que tendremos que cometer alguna travesura…

Dicho esto, fue directo al cubo de basura del jardín y lo volcó de un patadón. Una bolsa negra cayó pesadamente sobre la hierba. ¡Era allí donde debía estar la preciada etiqueta!

—¡¡Deja eso!! —le ordenamos. Nada, ni caso.

—¿No os apetece un partidito de fútbol, chicos? —replicó él, y de otro puntapié alzó la bolsa y se la pasó a una niña de su club.

—¡Toma! —exclamó ella, lanzándosela a otro chico.

—¡Cógela! —replicó el mocoso, y así hasta que empezaron a marearnos.

Como no podíamos usar las varitas, los rodeamos para intentar recuperar la bolsa. Por desgracia, el fútbol se nos daba peor que la magia y siempre fallábamos. No tardamos en ponernos nerviosos. Sobre todo, Sarah Kazam.

—¡Dadnos esa bolsa! —chillaba, y sus dientes brillaban a la luz de la luna.

Ya no parecían de plástico. Creo que la rabia estaba acelerando su transformación en vampira.

—Cálmate, Sarah —le rogué.

—¡No puedo! —aulló ella.

De pronto se lanzó a por Oliver Dark con un relámpago de ira en los ojos. ¡Iba a morderle!

Menos mal que Marcus le pegó un empujón para ponerlo a salvo.

Oliver evitó la dentellada, pero fue a estrellarse contra la bolsa voladora. La punta de su espada rajó el plástico negro como si fuera mantequilla.

Toda la basura se desparramó alegremente sobre los Cazabrujas. Como un chaparrón de mugre y porquería. Por desgracia, no estaba de humor para reírme.

—¡Cuidado! —grité—. ¡La etiqueta!

Demasiado tarde. En un momento, el viento levantó los desperdicios. Luego, soplando furioso, los arrastró volando… al interior del bosque.

10 La hiedra carcelera

—¡Anna! —nos sorprendió un grito desde lo alto—. ¿Qué hacéis ahí fuera?

Era mamá, asomada al balcón de su cuarto. Ahora, además del pijama de conejitos, llevaba gruesas gafas de lectura. A su lado, papá lucía una mascarilla hidratante de color verde.

—¡Nada! —respondí—. Hemos salido a despedir a estos amigos, ¿verdad?

Al decir esto miré a Oliver de tal modo que casi lo convierto en merluza sin usar varita.

—¡Es casi medianoche! —replicó papá—. ¡Despedíos y entrad en casa!

Los Cazabrujas parecen valientes, pero se acobardaron enseguida al ver a mis padres. Uno a uno, todos fueron escapando del jardín.

El último fue Oliver, todavía resentido.

—Bah, mi fiesta era mucho mejor —dijo, antes de desaparecer tras sus amigos.

¿Y ahora qué? Los Cazabrujas se habían ido, pero nosotros habíamos perdido la etiqueta.

—Mr. Rayo puede ayudarnos con eso —susurró Marcus Pocus.

—¿Tu cuervo? —pregunté.

—Claro, él sabe encontrar objetos perdidos —respondió él—. Es un cuervo rastreador.

—¿En serio? ¿Por qué nunca me has dicho que conocías su poder?

—¡Porque nunca ha salido el tema!

Un murciélago espía, un cuervo rastreador… ¿también haría algo el sapo de Ángela? Supongo que si se lo preguntaba a ella solo respondería «prrrttt» o algo parecido.

Marcus llamó a su mascota con un silbido tan agudo que apenas pude oírlo. El cuervo, en cambio, salió volando de mi ventana y planeó hasta el jardín. Nada más verlo me entraron ganas de afilar mis zarpas y correr tras él.

¡Ay, mis instintos de gata se volvían cada vez más fuertes!

—Vayamos a por esa etiqueta cuanto antes —supliqué.

—Lo siento, pero yo no voy —anunció Sarah Kazam.

—¿Qué? ¿Por qué no?

—¡Porque puedo ser peligrosa para vosotros! ¿Y si me da por morderos?

—Entonces, ¿qué hacemos contigo?

—Atadme —respondió, apretando los labios.

Aunque a veces discuto con Sarah, hay que reconocer que es una buena amiga.

Nos acercamos a la fachada cubierta de hiedra. Allí, a salvo del viento, Marcus sacó su varita y apuntó a Sarah, dispuesto a usar su potente magia verde.

La planta trepadora resplandeció. Luego, sus ramas se deslizaron como culebras y rodearon la cintura de Sarah. Ahora era prisionera de la hiedra.

—¿Te aprieta? —preguntamos.

—No os preocupéis por mí. ¡Id al bosque y encontrad esa etiqueta cuanto antes!

Era más fácil decirlo que hacerlo. Los bosques de Moonville son preciosos y están repletos de pájaros y mariposas… por el día. De noche son laberintos oscuros, llenos de ruidos y sombras.

—Yo… yo… —titubeé, sin decidirme a adentrarme en el bosque.

—¿Yoyó? —preguntó Marcus.

—Yo creo que me quedaré a acompañar a Sarah —murmuré.

—No puedo creer que tengas miedo —repuso él.

—¡Y yo no puedo creer que tú no lo tengas! —me enfadé—. ¡Si antes estabas temblando!

—Pero el bosque no me asusta nada. ¡La naturaleza es lo mío!

Rasqué mis orejas suaves y puntiagudas de gata. Ahora comprendía perfectamente cómo se había sentido Marcus.

—Yo me enfrentaré a mis miedos si tú te enfrentas a los tuyos —le propuse.

—Bueno —respondió él—. Lo intentaré.

—Gfffss —gruñó Ángela, que iba recogiendo piedras como Pulgarcito… y luego las olía.

—¡Ya va, ya va! —resoplé.

Tomé aire, apreté los dientes y me interné tras ellos en la oscuridad. Marcus acarició a su cuervo y luego le susurró unas palabras secretas al oído.

Mr. Rayo despegó y graznó para que lo siguiésemos. Había comenzado la búsqueda.

Súper Marcus

El bosque estaba cada vez más oscuro. Y yo, cada vez más asustada.

En realidad, ya habíamos cruzado aquel bosque de noche una vez. Entonces íbamos buscando al Abuelo Castaño, un árbol sabio y más sordo que una gamba con orejeras. Pero claro, es que Madame Prune nos fue guiando con la luz de su varita.

—¿Te sabes algún hechizo luminoso? —me preguntó Marcus.

—Algo así —dudé, sacando mi varita del disfraz.

Luego, dibujando una espiral con la punta, recité:

Mi varita se encendió como una potente linterna. Lo que pasó fue que, como tengo magia arcoíris, fueron siete rayos de colores los que iluminaron el camino.

—En vez de bosque parece una discoteca —rio Marcus, deslumbrado.

Reí con él, contenta de verlo más animado. Luego bajé la varita para no molestar a los animales que dormían en los árboles. Ya se encargaba Ángela de molestarlos, cantando a pleno pulmón. Y digo cantar por decir algo.

—¡Pa, pa, chun, pssss! —voceaba—. ¡Bing!

De pronto, los graznidos de Mr. Rayo se hicieron más rápidos y agudos.

—¡Dice que lo ha encontrado!

En efecto, el cuervo señalaba al interior de un arbusto espinoso con el pico.

—¡Ahí, ahí dentro! —exclamé—. ¡La etiqueta!

El viento había dejado caer el papelito justo entre los pinchos. Mi fiesta de Halloween parecía una carrera de obstáculos.

—¿Quién se encarga? —suspiró Marcus—. ¿Mis guantes o tus zarpas?

Sin embargo, no tuvimos tiempo de decidir.

Frrsszzz. Uno de los tentáculos de Ángela

acababa de deslizarse entre las ramas. ¡Sus brazos alienígenas se habían vuelto reales! El papel se pegó fácilmente a su punta viscosa.

—Léela tú —dije a Marcus, señalando el dorso de la pringosa etiqueta.

Él lo examinó a la luz multicolor de mi varita.

—¡Aquí! —gritó al fin—. «Para anular sus efectos, apunte con la varita y pronuncie las palabras…»

—¿Qué palabras?

—*Contra véritas malapatu* —pronunció él con dificultad—. Ya podían haber puesto «huevos fritos con chorizo», ¿no? En fin, probemos.

Ya teníamos la varita en la mano cuando unos aullidos nos dejaron congelados. ¿Qué clase de animal emitía aquel ruido terrorífico?

—Ay, no —temblé, señalando un creciente resplandor—. ¡Son otra vez los fantasmas!

En efecto, la banda de espectros fanfarrones volvía para atormentarnos.

Uno de ellos llevaba a la pobre Ojazos enganchada a la cola. Por primera vez, la calavera no sonreía.

—¡Fantasmas malos! —gemía—. ¡Fantasmas malos!

—Tranquila, Ojazos —exclamó Marcus, agitando su capa—. ¡Te salvaremos!

Me volví hacia él, asombrada. Por primera vez, mi amigo parecía un superhéroe de verdad. ¡Había decidido enfrentarse a sus miedos! Yo azoté el suelo con la cola y alcé mi varita.

El problema es que no nos acordábamos de las palabras mágicas.

—*¡Tuntra péritas celabatu!* —gritamos, sin poder ver bien la etiqueta—. *¡Mintra gélicas celacantu! ¡Mira Angélica como canto!*

Nada. Los fantasmas, más furiosos que nunca, nos rodearon y rieron. Eran como sacos viejos y mohosos llenos de horribles carcajadas.

—*¡Crunta rémicas matalapu!*

Luego empezaron a hincharse hasta hacerse aún más grandes y aterradores.

—*¡Conta méritas almapatu!*

Y se dispusieron a atacar.

Entonces, ¡paf!, uno de los espíritus estalló como una bomba de humo. ¡Por fin habíamos recordado las palabras! Sin perder tiempo, Marcus y yo nos pusimos a disparar a diestro y siniestro. Ángela aplaudía, muy contenta.

Nos llevó un rato, pero al fin el último espectro se desvaneció en el aire.

Y Ojazos, mareada, cayó entre los tentáculos de Ángela.

12
¡Sin magia, por favor!

Los fantasmas se parecen un poco a la leche caliente: son blancos y dan mucho sueño.

Yo, por lo menos, caí rendida después de la batalla. Apenas recuerdo vagamente cómo volvimos a casa, liberamos a Sarah y despedimos a los invitados. También recitamos unas cuantas veces las palabras para anular los efectos de la poción mágica.

Y después nos tiramos todos a dormir en el suelo de mi cuarto.

Ya era sábado por la mañana cuando me despertaron unos pequeños lametazos. Sonreí al sentir en la cara los bigotes de Cosmo. Quizá el gran poder de mi gato era hacerme cosquillas.

Me levanté y pasé de puntillas entre los demás. Marcus también se estaba desperezando.

—¿Qué hora es? —me susurró.

Ni idea. Lo único que sabía era que quedaba otro año para Halloween. ¡Menos mal! Miré el despertador de mi mesilla. Para mi sorpresa, en vez de números, encontré un mensaje de Madame Prune.

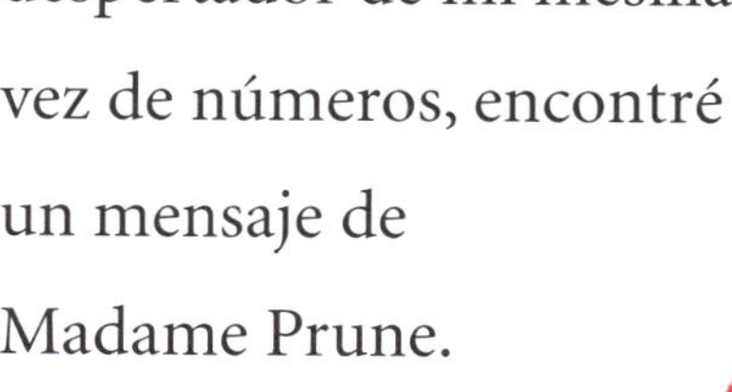

Pues de la fiesta tampoco recordaba demasiado. Me había obsesionado tanto con competir con Oliver que ni siquiera pude disfrutarla. Qué tonta. Tenía que hablar con la profe para pedirle perdón por lo del mejunje.

—¿Te ha comido la lengua Cosmo o qué? —bromeó Marcus, al ver que no contestaba.

—Ah, ya estáis despiertos —dijo Sarah con un bostezo.

Por fin había logrado quitarse los colmillos postizos. También mi cola, mis orejas y mis zarpas volvían a ser de simple tela. Todos éramos otra vez nosotros mismos… ¿o no?

—Prrrr —sonó bajo la colcha de Ángela Sésamo—. Prrrrgg.

—¿Qué… qué dices, Ángela? —tartamudeé, asustada.

Ella se destapó, de mal humor. Sobre su cara estaban revolcándose Globo… ¡y Ojazos! Ángela gruñía, el sapo croaba y la calavera reía a carcajadas:

—¡Vivan los sapos! ¡Vivan!

—Pero ¿no le quitaste el encantamiento? —se asombró Sarah.

—Me dio pena —respondió Ángela, y luego bajó la voz—. No sabía que era tan pesada.

—¡Jo, no soy pesada! ¡Soy Ojazos!

—Al menos se lleva bien con las mascotas.

La dejamos jugando con ellas y bajamos a desayunar. Por la escalera fuimos comentando los incidentes de la fiesta.

—Yo tenía muchas ganas de morderos —nos confesó Sarah.

—¡Pues a mí me gustaba ser extraterrestre! —añadió Ángela—. Todos parecíais rarísimos.

—¿Sabéis que al final Marcus también se transformó en Súper Marcus? —sonreí.

—¿Yo? Pero ¡si a mí no me tocó el mejunje!

—No fue por el mejunje. Decidiste ser valiente y vencer tu miedo. Eso es lo que hacen los superhéroes, ¿no?

Por una vez, mi mejor amigo no supo qué contestar.

En la cocina ya estaban mis padres mordisqueando sus tostadas. Tenían pinta de extrañados.

—¿Ha pasado algo? —les pregunté.

—La alfombra del salón —respondió papá—. Era una imitación barata, y hoy parece una auténtica alfombra persa. Es rarísimo.

Ay, jamás volvería a tocar sin permiso un mejunje de autenticidad. Menos mal que al fin se habían acabado los problemas. O eso creí hasta que mamá dijo:

—¡Y después del desayuno, toca recoger y poner orden!

Jo, se me había olvidado que la casa seguía hecha un desastre.

Comimos muy despacio para retrasar el momento de ponernos a limpiar. Por suerte, aún quedaban algunos bichos de chocolate para echar en los cereales.

Al terminar nos dirigimos al salón cargados de escobas y bolsas de basura. Fue entonces cuando se me ocurrió una idea estupenda.

—¡Eh! —dije—. ¿Y si usamos un hechizo limpiador?

Todos se volvieron hacia mí con una gran sonrisa y gritaron:

—¡Ni lo sueñes, Anna!

¡No te pierdas ningún libro de la colección!

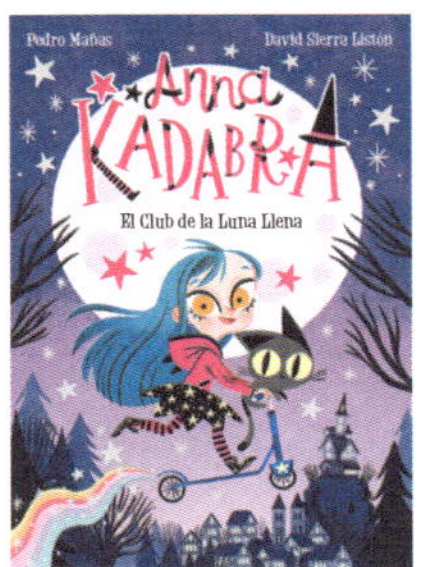

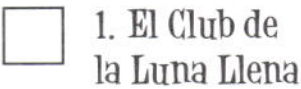

☐ 1. El Club de la Luna Llena

☐ 2. Un problema con alas

☐ 3. Un monstruo en la bañera

☐ 4. Fiesta a medianoche

☐ 5. La isla de las mascotas

☐ 6. Pasteles peligrosos

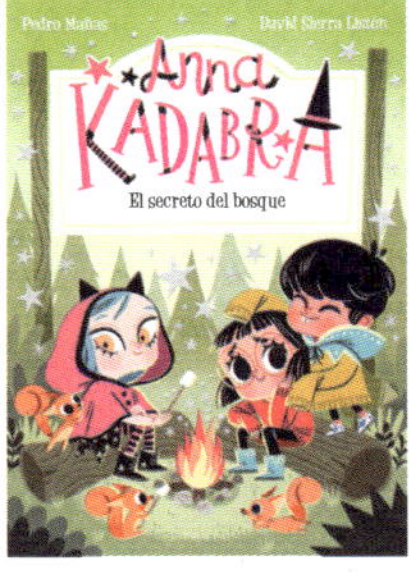

☐ 7. El secreto del bosque

☐ 8. El festival de brujería

☐ 9. Un lobo en escena

☐ 10. La llamada de las sirenas

☐ 11. La feria de las sombras

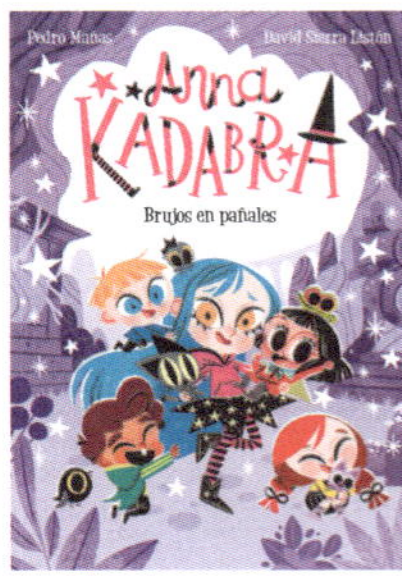

☐ 12. Brujos en pañales

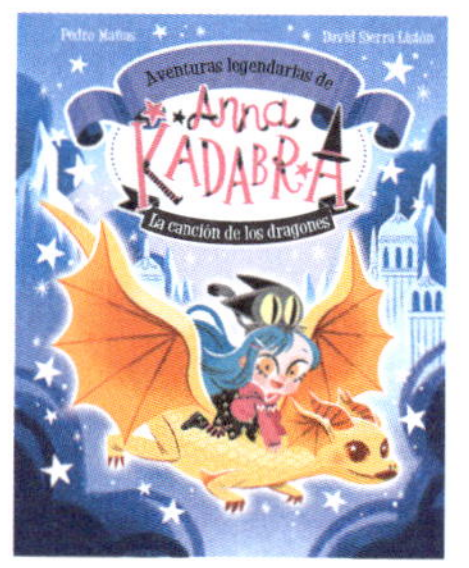

- ☐ El Diario Mágico de Anna Kadabra
- ☐ Anna Kadabra. Aventuras legendarias 1
- ☐ Anna Kadabra. Aventuras legendarias 2

Déjate hechizar por las aventuras de Marcus Pocus

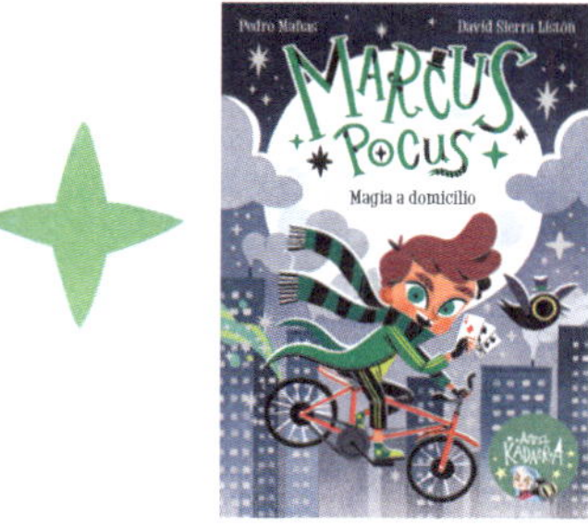

- ☐ 1. Magia a domicilio
- ☐ 2. Un regalo monstruoso
- ☐ 3. La maldición de los elfos

- ☐ 4. El concurso de talentos
- ☐ 5. Mascotas a la fuga